지은이 백소라

한국미래물류연구소 공동 대표이사, 인하대학교 물류전문대학원 겸임교수, 국립항공박물관 항공 산업 콘텐츠 개발 전문위원을 역임한 항공 물류 전문가. 물류·무역 분야 EBS 교재 저자로 다수의 저서를 집필했고 TV강사로도 활동했다. 비행기와 공항에 관심이 있는 어린이, 청소년, 성인들에게 지식을 전달하는 일을 해 나가고 있다.

그린이 당군배배

여러 가지 색으로 감정을 표현하며 좋아하는 것들을 주로 그린다.
K현대미술관X메리몽드 신데렐라 유니버스 벽화 디자인에 참여했다.
instagram.com/dgb_b

차례

비행기를 타 본 적 있나요?	4
비행기는 누가 어떻게 만들까요?	6
비행기는 어떻게 생겼을까요?	8
공항에 가 볼까요?	10
비행기를 만드는 회사들	12
한국에는 한국의 하늘이 있어요	13
해외로 떠나 볼까요?	14
물건들은 어떻게 갈까요?	16
운항 관리사는 안전한 비행을 책임져요!	18
활주로는 어떻게 생겼나요?	20
활주로에는 숫자가 적혀 있어요!	22
비행기에도 숫자가 적혀 있어요!	23
하늘도 교통정리가 필요해요!	24
승무원은 무슨 일을 할까요?	26
한국으로 돌아왔어요!	28
공항에서 일하는 친구들이 있어요!	30
비행기는 어떻게 관리할까요?	32
오래된 비행기들은 어디로 갈까요?	34

사람이나 물건을 싣고 하늘을 날 수 있는 탈것을 **항공기**라고 해요. 우리는 **비행기**라는 말을 더 많이 쓰지요. 사실 항공기에는 여러 가지 종류가 있고, 그중 하나가 비행기예요.

먼 곳으로 여행을 갈 때, 어른들이 외국으로 출장을 갈 때 비행기를 이용하지요. 서울에서 제주도로 택배를 보낼 때, 외국의 물건을 한국으로 가져올 때에도 비행기에 싣고 오고요. 이렇게 비행기는 사람들과 짐들을 태워 이동시키는 일을 해요.

비행기로 사람과 물건을 싣고 나르는 데에 꼭 필요한 4가지가 있어요. 당연히 **비행기**가 있어야 하고, 비행기가 뜨고 내릴 수 있는 **공항**이 있어야 해요. 비행기가 날아다니는 하늘의 길, **항로**도 있어야 하고, 마지막으로 비행기를 조종하거나 조종에 도움을 주는 **사람들**도 있어야 하지요.

비행기가 어떻게 만들어지고 사용되는지, 공항은 어떤 곳인지, 관련된 직업에는 무엇이 있는지 함께 알아봐요!

비행기는 누가 어떻게 만들까요?

비행기를 만들 수 있는 회사는 전 세계적으로 별로 많지 않아요. **기계, 전자, IT, 소재** 등 여러 가지 복잡한 기술이 합쳐져서 비행기가 만들어지기 때문에, 기술이 부족한 국가에서는 할 수 없는 일이에요. 비행기를 만드는 데 꼭 필요한 기술만 해도 **650가지**나 되거든요.

무엇보다도 비행기를 만드는 건 너무 큰돈이 들고 시간도 오래 걸리는 일이에요. 대형 비행기를 만들려면 돈이 **10조 원**이나 필요하고, 시간은 **10년**이 넘게 걸리기도 해요. 자동차와 비교해 볼까요? 새로운 자동차를 만드는 비용은 4,500억 원 정도이고, 개발하는 데 걸리는 시간은 3~4년 정도라고 해요. 비행기와 차이가 크지요.

비행기에 들어가는 부품도 자동차보다 10배 정도 많아요. 개수를 세어 보면 **20만 개**나 된답니다. 당연히 하나의 회사에서 이 많은 부품들을 다 만들 수는 없어요. 그래서 여러 회사들이 각각 부품을 맡아 만들어서 비행기를 만드는 회사에 팔고, 그럼 비행기 회사에서 그 부품들을 조립해서 비행기를 완성해요.

부품 중에서도 가장 중요한 건 바로 **엔진**이에요. 엔진은 사람의 심장이나 마찬가지거든요. 심장이 사람의 몸을 움직이게 해 주듯이, 엔진이 비행기를 움직이게 해 줘요.

비행기가 큰 만큼 비행기 엔진도 정말 커요. 높이는 거의 3m고, 길이는 6m 정도예요. 엔진도 다른 부품들처럼 엔진을 전문적으로 만드는 회사에서 만들어진답니다.

비행기는 어떻게 생겼을까요?

동체
비행기의 **중심**이 되는 몸통 부분이에요. 조종사가 타는 조종칸, 여객들이 타는 객실, 물건을 싣는 화물칸이 여기에 있어요. 동체의 내부는 높은 곳에서도 산소가 부족하지 않게 조정하고, 적당한 기압과 온도를 유지해야 해요.

엔진
비행기가 나아가는 추진력을 주는 기관이에요. 공기를 빨아들이고 압축시켜 내보내면서 힘을 발생시켜요. 대부분의 비행기에는 **터보팬 엔진**이 사용되고 있어요.

주날개
새나 곤충들처럼, 비행기도 날개가 있어야
날 수 있어요. 하늘을 날도록 해 주는 힘인
양력을 날개가 만들어 내기 때문이에요.
비행기의 날개는 매우 커서 날개 안에
연료를 담아 둘 수도 있어요.

수직 꼬리 날개
비행기가 왼쪽, 오른쪽으로
방향을 잡고 나아가는 데
도움을 줘요.

수평 꼬리 날개
비행기가 앞뒤로 기울어져서
위나 아래를 향해 날 수 있도록
도움을 줘요.

착륙장치(랜딩기어)
비행기가 땅 위에서 움직일 때나,
활주로에서 뜨고 내릴 때 사용하는 **바퀴**와
그 주변 부분을 말해요. 하늘 위에서는
비행에 방해가 되지 않도록 접혀요.

공항에 가 볼까요?

공항은 비행기가 출발(이륙)·도착(착륙)하거나 땅 위에서 이동하기 위해 사용되는 구역을 말해요. 비행기 이착륙 시설 말고도 여객 터미널, 화물 터미널, 항공 등화 시설, 항공 교통 관제 시설, 기상 관측 시설 등을 갖추고 있어요. 그중에서도 여객 터미널과 화물 터미널은 공항의 아주 기본적인 시설에 속해요.

여객 터미널

비행기를 타려면 먼저 공항에 가서 항공권을 발부받고, 항공사에 짐을 맡겨야 해요. 이런 일들이 일어나는 장소가 여객 터미널이에요. **여객**은 비행기로 여행하는 손님을 말해요. 여객들이 비행기를 타고 출발하는 것뿐만 아니라, 도착하는 것도 여객 터미널에서 이뤄지지요.

화물 터미널

비행기에 싣고 운반되는 짐들을 **화물**이라고 불러요. 같은 비행기로 옮길 화물들끼리 분류하고, 포장하고, 비행기에 싣지요. 도착한 비행기에서 화물을 내리기도 하고요. 이런 일들이 일어나는 장소가 화물 터미널이에요.

공항에는 여러 시설들이 있고 각각 다양한 업무를 수행하고 있어요. 모든 일을 국가에서 다 관리할 수가 없기 때문에 **국가**와 **민간 기업**이 나누어서 맡아요.

예를 들어, 어떤 사람이나 물건이 나가고 들어오는지 확인하는 일은 국가에서 하는 일이에요. 또, 화물에 따라 세금을 매기고, 마약이 운반되지 않도록 단속하고, 우리나라의 소중한 문화재가 외국으로 빠져나가지 않도록 막는 일도 국가에서 맡아서 하고 있어요. 이 모든 과정에서 전염병이 옮겨지지 않도록 검사하는 일도 국가의 일이고요.

민간 기업에는 항공기를 운영하는 **항공사**, 항공기 운항을 돕는 지상 조업사, 외국인의 관광을 돕는 관광 관련 업체, 물건이나 음식을 파는 면세점과 상점들이 있지요.

비행기를 만드는 회사들

미국의 보잉과 록히드마틴, 그리고 프랑스·독일·스페인이 함께 만든 에어버스는 세계적으로 유명한 비행기 제작 회사예요. 보잉과 에어버스는 전 세계 민항기의 90%를 만들고 있어요. **민항기**는 돈을 받고 사람이나 물건을 나르는 일을 하는 비행기를 말해요.

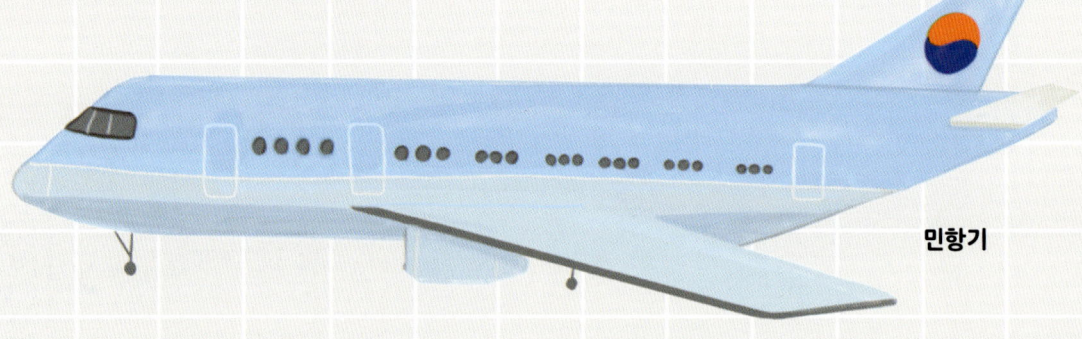

민항기

군용기의 대부분은 보잉, 록히드마틴, 노스럽과 같은 미국 회사들이 만들어요. **군용기**는 군대에서 군대나 전쟁과 관련된 일로 사용하는 비행기예요. 하는 일에 따라 전투기, 폭격기, 정찰기 등이 있어요.

군용기

한국에도 한국항공우주산업주식회사 **카이**라는 회사가 있어서, 중급 기종의 항공기를 스스로 개발할 수 있어요.

한국에는 한국의 하늘이 있어요!

나라마다 그 나라에 속한 땅, 바다, 하늘이 있어요. 각각 **영토, 영해, 영공**이라고 불러요. 우리나라의 영공은 우리나라의 해안선에서부터 약 22km 떨어진 지점의 하늘까지예요. 이 범위 안에 있는 땅과 바다 위의 모든 하늘이 우리나라의 영공인 거랍니다.

공역은 비행기가 비행할 수 있도록 정해진 공간이에요. 공역에서는 비행기가 안전하고 효율적으로 날아다닐 수 있도록 현재 비행기의 위치, 높이, 날씨 등에 대한 정보를 숨기지 않고 알려 주지요. 우리나라의 공역에서는 우리나라가 비행에 대한 통제를 하도록 되어 있고요.

인천비행정보구역

하늘이라고 해서 아무 데로나 날아다닐 수는 없어요! 하늘에도 땅 위에서처럼 정해져 있는 하늘의 길이 있어요. **항공로** 또는 **항로**라고 하지요. 항로의 너비는 땅 위 하늘에서는 18km, 바다 위 하늘에서는 90km 정도예요.

해외로 떠나 볼까요?

비행기를 타고 출국하기 위해서는 탑승 수속을 마쳐야 해요.
탑승 수속이란, 항공권과 여권 등을 확인하고
수하물을 맡기는 과정을 말해요.

여권은 한 나라의 국민임을 증명해 주는 신분증명서예요. 외국 정부에게 우리나라의 국민을 보호해 주고 자유롭게 통행하게 해 줄 것을 요청하는 의미를 담고 있어요.

탑승 수속 절차

① 여권과 항공권을 가지고 항공사 접수대로 가서 항공권을 확인받아요. 이걸 **체크인**이라고 해요. 이 과정에서 비행기에서 앉을 좌석을 배정받지요. 요즘은 접수대에 가지 않고 인터넷이나 휴대폰, 공항의 키오스크를 이용해서 직접 체크인할 수도 있어요.

② 여객이 가지고 온 짐을 **수하물**이라고 불러요. 접수대의 항공사 직원에게 수하물을 맡기면 수하물표를 붙여서 컨베이어 벨트에 태워 보내지요. 짐을 처리하는 곳으로 이동하는 거랍니다. 접수대에 맡기지 않고 자동 수하물 위탁을 하는 것도 가능해요.

③ 비행기를 타러 들어가기 전에 개인 소지품과 몸을 검사받아야 해요. 위험한 무기나 날카로운 물건, 양이 많은 액체 등은 비행기에 가지고 탈 수 없어요. 보안 검색 요원들이 **금속 탐지기**나 엑스레이 등으로 확인해요.

물건들은 어떻게 갈까요?

수하물은 비행기로 여행을 할 때에 가져가는 짐을 말해요. 수하물에는 **위탁 수하물**과 **휴대 수하물**이 있어요.

위탁 수하물은 항공사에 맡겨서 따로 실어 보내는 짐이에요. 탑승 수속을 할 때 카운터에 맡기지요. 그러면 어디로 가는 짐인지, 누구의 짐인지 표시해서 화물칸으로 보내요. 컨베이어 벨트를 타고 옮겨지는 수하물들은 마치 롤러코스터가 빠르게 지나가는 것처럼 보인답니다.

인천공항에는 지하에 수하물을 옮기는 컨베이어 벨트가 있어요. 공항 곳곳을 이어 주고 있어서, 전체 길이가 **130km**나 돼요. 경기도 동쪽 끝에서 서쪽 끝까지의 거리와 같지요. 1초당 7m의 속도로 짐을 옮긴대요.

화물칸에 실을 때는 비행기가 한쪽으로 기울지 않도록 양쪽, 앞뒤 균형을 맞춰 주어야 해요. 만약 비행기에 타는 모든 사람들이 너무 많은 짐을 맡긴다면 비행기가 무거워질 거예요. 그래서 항공사에서는 너무 무거운 짐을 맡기는 사람에게는 따로 돈을 더 받아요.

스마트폰 배터리나 보조배터리는 폭발하거나 불이 날 수 있어요. 화물칸에서 불이 난다면 금방 알아채고 불을 끌 수가 없지요. 그래서 배터리는 위탁 수하물로 맡기면 안 돼요.

휴대 수하물은 비행기에 가지고 타는 작은 가방과 물건들을 말해요. 보통 사람 1명이 1개의 휴대 수하물을 가지고 탈 수 있어요. 무게는 10kg보다 적게 나가야 하고, 너무 큰 것은 가지고 탈 수 없어요.

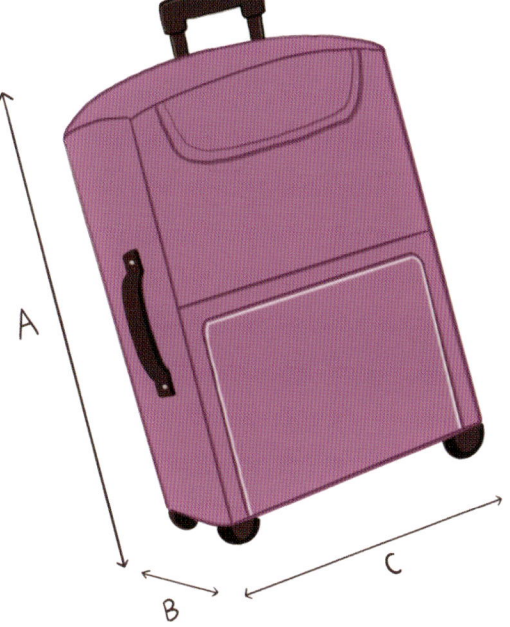

A+B+C의 길이가 115cm 이하인 짐만 가지고 탈 수 있어요.

뾰족한 칼처럼 비행기 안에서 위험하게 쓰일 수 있는 물건은 가지고 타면 안 되고, 액체 폭탄을 이용한 테러가 일어날 수 있기 때문에 100ml보다 많은 물도 안 된답니다.

날카로운 것

100ML 이상의 물

인화성 물질

운항 관리사는 안전한 비행을 책임져요!

자동차로 여행을 떠나려면, 출발 전에 무엇을 해야 할까요? 가야 할 곳이 얼마나 먼지, 가는 데 시간이 얼마 걸리는지, 어떤 길로 갈지를 먼저 알아봐야 해요. 도착할 곳의 날씨도 알아 두면 좋고요. 또, 자동차에 기름이 얼마나 필요할지도 확인해야 하지요. 비행기도 마찬가지예요. 출발하기 전에 꼭 확인해야 할 것들이 있어요.

이런 것들은 **운항 관리사**라는 사람이 관리해요. 운항관리사는 비행기 운항의 일정, 비행기가 지나갈 항로, 그리고 비행기에 필요한 연료량 등을 결정하는 사람이에요. 비행기 운항의 첫 단계부터 마지막 단계까지를 책임지는 사람이랍니다.

항공사에서는 손님을 많이 태워야 이득이지요. 그래서 사람들이 언제, 어디를, 얼마나 가고 싶어 하는지에 따라서 항공사와 운항 관리사가 **운항 일정**을 결정해요.

출발하는 공항과 도착할 공항이 결정되면 어떤 **항로**로 가는 게 가장 좋을지를 정해요. 항로 근처에 다른 비행기가 지나고 있거나, 태풍이 다가온다거나, 폭발하는 화산이 있거나, 너무 큰 구름이 있다면 비행이 위험해질 거예요. 이런 상황에 대비해서 미리 항로와 비행 높이를 정하고, 갑작스러운 상황에서는 실시간 통신을 통해 항로를 비행 도중에 바꾸기도 한답니다.

비행기에 채울 **연료의 양**은 비행할 거리, 날씨, 비행기의 무게에 따라 달라져요. 비행기에 손님이나 짐이 많으면 무거워져서 더 많은 연료가 필요해요.

만약 비행 중에 날씨가 안 좋아지거나, 도착하는 공항에 비행기가 내릴 수 없는 상황이 오면 비행 시간이 늘어날 수 있어요. 이렇게 혹시 모를 일에 대비해서 연료를 추가로 더 싣고 출발한답니다. 그렇다고 너무 많은 연료를 넣으면 비행기의 무게가 무거워지기 때문에 좋지 않고요!

활주로는 어떻게 생겼나요?

비행기가 뜨고 내리기 위해 땅 위에서 사용하는 길을 활주로라고 불러요. 활주로는 여러 조건에 따라 개수와 위치, 크기가 달라져요.

활주로를 이용할 비행기가 무겁고 클수록 활주로도 커져요. 예를 들어서, 기온 28℃에서 350t의 비행기가 이륙하려면 약 3,200m 길이의 활주로가 필요하지만, 310t의 비행기라면 약 2,400m 길이의 활주로만 있어도 된답니다.

활주로가 시작하는 지점을 알려 줘요.

비행기는 바람을 정면으로 맞으면서 뜨고 내리는 게 좋아요. 바람이 북쪽에서 남쪽으로 불어온다면 비행기는 남쪽에서 북쪽으로 향하는 게 좋다는 뜻이지요. 비행기를 뜨게 하는 힘인 **양력**이 커져서 비행기가 쉽게 뜨거든요. 비행기가 내릴 때도 바람을 마주 보고 와야 더 멈추기가 쉽고요. 바람이 비행기 뒤나 옆에서 불어오면 비행기가 흔들릴 수 있어요. 그런데 공항의 바람이 한 방향으로만 불지는 않아요. 그래서 그때그때 바뀌는 바람 방향에 따라 어느 방향으로 활주로를 이용할지 정해요.

날씨가 흐리거나 어두울 때에는 땅 위에 설치한 **불빛**으로 비행기에 신호를 줄 수 있어요. 활주로의 위치와 각도를 알려 주고 비행기가 길에서 엇나가지 않게 도와요.

활주로가 끝나는 지점을 알려 줘요.

비행기 바퀴가 닿아야 할 곳을 알려 줘요.

비행기가 활주로의 중앙에 맞춰 착륙하도록 도와줘요.

비행기가 올바른 각도로 내려오고 있는지 표시해 줘요.

활주로에는 숫자가 적혀 있어요!

활주로가 가리키는 방향에 따라 길 끝에 숫자가 적혀 있어요. 동서남북이 아니라 **각도**로 방향을 표시하는 거랍니다. 적힌 숫자에 10을 곱하면 각도를 알 수 있지요.

예를 들어, 남쪽은 18(180도)로 나타내고 북쪽은 36(360도)으로 나타내요. 만약에 활주로 끝에 10R이라고 쓰여 있다면 숫자 10에 10을 곱해서, 이 활주로가 100도 방향을 향해 있다는 것을 알 수 있어요. 끝에 붙은 R은 오른쪽(Right) 활주로라는 뜻이고요.

10R이 쓰인 활주로의 반대쪽 끝은 어떨까요? 180도 반대 방향을 향해 있으니 28(280도)이겠지요? 오른쪽의 반대쪽이니 왼쪽(Left)이고요. 10R을 보면 반대쪽에는 28L이 쓰여 있을 거라고 추측해 볼 수 있어요.

비행기에도 숫자가 적혀 있어요!

비행기도 자동차처럼 누구의 것인지, 누가 운항하는지 국가에 등록해야 해요. 그리고 등록된 국가의 국적을 가지지요. **비행기를 등록하면 항공기 등록 번호를 받아요.** 모든 항공기는 수직 꼬리 날개, 주날개, 랜딩 기어에 항공기 등록 번호를 표시하도록 정해져 있어요.

우리나라의 항공기 등록 번호는 알파벳 대문자 2글자와 숫자 4개로 표시해요. 알파벳 2글자는 항공기의 국적을 나타내고, 뒤의 숫자들은 항공기의 종류, 엔진의 개수 등을 알려 준답니다!

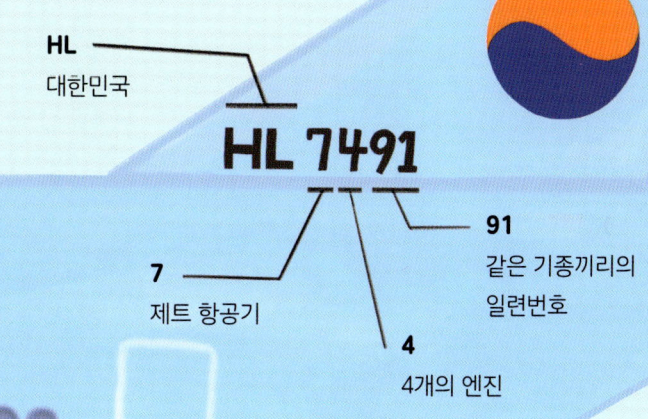

HL
대한민국

HL 7491

7
제트 항공기

4
4개의 엔진

91
같은 기종끼리의
일련번호

하늘도 교통정리가 필요해요!

비행기의 속도가 매우 빠르고 하늘은 엄청 넓기 때문에, 자전거를 타듯이 눈앞의 상황을 바로바로 확인하면서 비행기를 조종하기는 힘들어요. 비행기 조종사가 혼자 판단하고 비행하는 것은 위험하다는 뜻이에요.

그래서 **항공 교통관제사**가 필요하답니다. 관제는 **관리**하고 **통제**한다는 뜻이에요. 마치 교통경찰처럼, 비행기들이 안전하게 운항되도록 하늘을 교통정리 하지요. 관제를 하지 않는다면 공항에서나 하늘에서 비행기들이 서로 부딪칠 수 있고, 공항에서 비행기들이 마구잡이로 섞여서 난리가 날 수 있어요.

항공 교통관제사는 하늘에서 비행기와 비행기가 부딪치지 않도록 거리를 벌려 줘요. 공항 안에서 이동하는 비행기가 다른 사람이나 물건, 건물과 충돌하지 않게 조정하기도 하고요. 또, 공항 안에 있는 비행기들끼리 길이 엉키지 않도록 빠르게 질서를 잡아요.

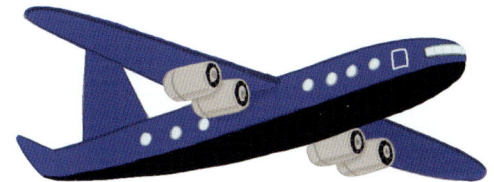

지역 관제
비행기가 날아다니는 길인 항로를 관제해요. 가장 넓은 범위를 관제하는 일이지요. **항공 교통관제소**라는 곳에서 맡고 있어요.

접근 관제
공항 주변에 접근한 비행기들을 관제하는 일이에요. **접근관제소**라는 곳에서 공항 바깥의 주위를 살펴요.

비행장 관제
공항에 도착하거나 공항에서 출발하는 비행기를 관제해요. 공항 전체를 한눈에 볼 수 있어야 하기 때문에 공항 한가운데에 관제탑을 세워 둬요.

비행기는 출발하는 공항에서 활주로로 이동하고 이륙할 때, 항로에 들어가고 비행할 때, 도착하는 공항으로 점점 내려올 때, 공항에 착륙해서 정해진 장소까지 이동할 때 모두 관제를 받아요.

승무원은 무슨 일을 할까요?

승무원들은 비행기가 출발하기 전에 모여서 비행에 대해 이야기를 나누어요. 특별히 신경 써야 할 손님이 있는지도 확인하고요. 비행기에 여객들을 위한 음식, 음료수, 담요, 이어폰 등이 잘 준비되어 있는지, 안전을 위해 손전등, 소화기, 산소통 등이 잘 있는지도 미리 확인해요.

여객들이 타는 곳을 **객실**이라고 하고, 객실에서 일하는 승무원을 **객실 승무원**이라고 불러요.

승무원은 비행기에 타서 비행을 돕는 사람들을 말해요. 비행기를 조종하는 사람들을 **운항 승무원**이라고 부르고, 이 사람들은 조종칸에서 일해요. 조종사와 부조종사가 번갈아 비행기를 운항한답니다.

모든 출발 준비가 끝나면 비행기 문을 닫고 드디어 출발이에요! 이때 비행기에서의 안전과 비상 상황에 대한 동영상을 보여 줘요. 객실 승무원들이 사람들 앞에서 직접 비상구의 위치와 구명조끼를 입는 방법 등을 알려 주고요. 안전을 위한 일이니까 잘 들어야 해요.

500명이 넘는 사람들이 한 비행기에 타는 경우도 있어요. 승무원들은 안전을 지키는 사람들이기 때문에, 무리하지 않도록 **쉬는 시간**이 정해져 있답니다.
운항 승무원과 객실 승무원은 일하는 곳이 다르기 때문에 쉬는 공간도 비행기 안에 따로 나누어져 있어요.
서로 번갈아 가면서 쉬는 시간을 가져요.

한국으로 돌아왔어요!

비행기에서 내린 후, 들어가려는 나라에서 정한 절차를 거쳐야 그 나라에 들어갈 수 있어요. 입국의 절차는 다음과 같아요.

① 해외에서 비행기를 타고 공항에 도착하면, 모든 내국인과 외국인은 먼저 **검역 심사**를 받아야 해요. 검역이란 국외로부터 전염병 혹은 오염원이 들어오는 것을 예방하기 위해 검사하는 것을 말해요. 동물이나 축산물을 가지고 입국할 경우에는 출발 국가에서 받은 검역 증명서를 담당자에게 제출하고 검역을 받아야 해요.

② 나라로 들어오는 물건을 확인하는 절차를 **세관 신고**라고 해요. 물건에 대한 입국 심사나 마찬가지예요. 수입이 금지되거나 제한이 있는 물건이 있는지 확인하고 필요한 경우 세금을 매겨요. 나라마다 외국에서 들어올 수 없는 물건을 정해 놓고 있어요. 우리나라에 입국할 경우, 미국 돈으로 600달러(약 70만 원)를 넘는 가치의 물건을 가져온다면 세금을 내야 해요.

③ 사람들이 입국을 해도 되는지 검사하는 과정을 **입국 심사**라고 해요. 외국인들의 불법 체류를 막기 위한 일이에요.

④ 비행기에 타기 전에 맡긴 **수하물**을 찾아요. 공항의 전광판에서 어디로 가야 짐을 찾을 수 있는지 알려 줘요. 항공사에 수하물을 맡길 때 붙여 둔 수하물표를 확인하여 자신의 짐을 찾고, 입국장을 통해 공항에서 나가면 입국이 완료돼요.

공항에서 일하는 친구들이 있어요!

해외로 여행을 다녀오는 사람들이 소고기, 돼지고기, 소시지, 육포, 과일 등을 가지고 오는 건 꽤 위험한 일이에요. 저런 음식물을 통해서 전염병이 옮겨질 수 있거든요. 또, 마약 같은 불법 약물을 몰래 가지고 입국하려는 사람들도 있어요. 이런 것들을 잡아낼 때에 특별히 도움을 주는 친구들이 있답니다!

검역 탐지견과 **마약 탐지견**들은 수하물 사이를 돌아다니면서 냄새를 맡아요. 개는 사람보다 후각이 **40배**나 더 발달되어 있다고 해요. 그래서 아주 미세한 냄새로도 불법으로 들여오는 물건들을 찾아낼 수 있어요.

우리나라에서는 **잉글리시스프링거스패니얼, 래브라도레트리버, 비글**종을 훈련해서 탐지견 일을 맡겨요. 호기심이 많고 활발하면서도 온순해야 하기 때문이지요.

어릴 때부터 특정한 냄새를 익혀야 하기 때문에, 탐지견이 될 강아지들은 태어나고 **30일**쯤부터 훈련을 시작해요. 1년 반 정도 훈련을 받고, 그 이후로도 종종 보충 훈련을 받고요. 훈련 과정에서 탐지견에 어울리지 않아 탈락하는 개들도 있어요.

이렇게 어려운 훈련을 받은 탐지견들은 은퇴할 때까지 약 8년 정도 일을 해요.

마약 등을 찾으면 어떻게 할까요?
수상한 가방을 향해 짖기도 하고, 그 앞에 앉아서 움직이지 않는 등, 함께 일하는 사람 요원에게 신호를 보낸답니다! 실제로 불법 마약을 발견하는 데에 **3분의 1**은 탐지견의 덕분이라고 해요.

비행기는 어떻게 관리할까요?

우리 몸이 아프면 병원에 가지요. 아프지 않더라도 혹시 병이 있는지 미리 검사하기 위해서 병원에 갈 때도 있어요. 비행기도 마찬가지랍니다. 고장이 나면 고쳐야 하고, 고장이 나지 않았는지 미리미리 확인도 해 줘야 해요.

비행기는 이럴 때 공항 근처의 **격납고**로 가요. 격납고는 바람과 비로부터 비행기를 보호하고, 비행기가 제대로 작동하도록 살피고 고치는 일을 하는 곳이에요.

비행기는 몸통, 엔진, 날개, 좌석, 내부 컴퓨터, 바퀴 등등 모든 부분을 하나하나 **정비**해야 하기 때문에 매우 넓은 장소가 필요해요. 그래서 격납고는 보통 크기가 축구 경기장의 2~5배 정도고, 특히 더 넓은 곳은 넓이가 6만 ㎡나 돼서 축구 경기장보다 8배 이상 넓기도 해요.

격납고에 따라 비행기 1대가 들어가기도 하고 비행기 여러 대가 들어가기도 한답니다.

비행기는 출발 전과 도착 후에 늘 정비가 필요해요. 엔진 오일과 연료도 확인해야 하고, 바퀴 상태, 날개 상태도 확인해야 해요.

이렇게 특별한 장비 없이 일상적으로 하는 간단한 정비를 **운항 정비**라고 불러요.

정기적으로 비행기 몸체나 배선 상태, 객실 상태를 자세히 살펴보는 **기체 정비**도 있고, 엔진을 집중적으로 점검하는 **엔진 정비**도 있어요.

비행기는 보통 300~500명의 사람들을 태우고 하늘을 날기 때문에 이런 정비를 제대로 하지 않으면 매우 큰 사고로 이어질 수 있어요.

오래된 비행기들은 어디로 갈까요?

비행기의 수명은 **15년에서 20년** 정도예요. 그런데 개량·개조해서 사용하면 20년이나 더 사용할 수도 있다고 해요. 어떤 회사는 비행기 나이가 40살이 되도록 사용하기도 한대요.

비행기는 수명이 오래될수록 점점 손이 많이 가요. 수리할 곳이 많아지고, 같은 거리를 날아가는 데 점점 더 많은 연료를 필요로 하게 되고요. 그러다가 더 이상 쓸 수 없는 상태가 되면 버려지지요. 이런 과정을 **폐기**라고 불러요.

이렇게 더 이상 쓸모가 없어진 비행기를 보관하는 곳들이 있답니다. 가장 유명한 곳은 미국의 애리조나에 있어요. 여기에는 폐기된 비행기들이 5,000대나 있어서 **비행기의 무덤**이라고도 불려요. 미국 애리조나 지역은 비가 오지 않는 건조한 사막 지역이라서, 비행기를 오래 두어도 별로 상하지 않는다고 해요. 워낙에 넓은 땅이기 때문에 비행기가 직접 날아오기에도 안전하고, 사람들이 많이 돌아다니는 곳도 아니기 때문에 비행기를 보관하기에 안성맞춤이지요.

비행기는 너무 비싸서 쉽게 만들거나 살 수 없지요. 그래서 돈을 아끼기 위해 비행기를 고쳐 쓰거나, 일부분만 바꿔서 성능을 더 좋게 만들기도 해요. 이런 일을 **개량, 개조**라고 불러요.

비행기를 개량·개조하는 이유는 다양해요. 더 이상 멋지지 않아서, 사람 대신 물건들을 싣는 비행기로 바꾸기도 하고요. 비행기 연료를 아끼기 위해서, 또는 오래되어 낡은 비행기를 더 오래 사용하기 위해서 고치기도 하지요.

비행기에는 비싼 장비와 소재들이 많이 들어가 있어요. 그래서 비행기를 버리기 전에 쓸 만한 부분들을 골라내는 작업을 먼저 해요. 버려지는 비행기에서 장비와 부품들을 분리하면 다른 비행기에 다시 사용할 수도 있어요.

비행기와 공항 탐구생활

초판 1쇄 펴낸날 2020년 11월 11일
초판 2쇄 펴낸날 2021년 11월 17일

지은이 백소라
그린이 당군배배

펴낸이 한성봉
편집 박연준 | **크로스교열** 안상준 | **디자인** 김현중 | **마케팅** 박신용 오주형 강은혜 박민지
펴낸곳 동아시아사이언스 | **등록** 2020년 2월 7일 제2020-000028호
주소 서울시 중구 퇴계로30길 15-8 [필동1가 26] | **전자우편** easkids@daum.net
전화 02) 757-9724,5 | **팩스** 02) 757-9726
ISBN 979-11-970475-9-6 73400

이 도서의 국립중앙도서관 출판예정도서목록(CIP)은
서지정보유통지원시스템 홈페이지(http://seoji.nl.go.kr)와
국가자료종합목록 구축시스템(http://kolis-net.nl.go.kr)에서
이용하실 수 있습니다. (CIP제어번호 : CIP2020045482)

※ 동아시아사이언스는 동아시아 출판사의 어린이·청소년 브랜드입니다.
※ 잘못된 책은 구입하신 서점에서 바꿔드립니다.

※ **주의사항** 종이에 베이거나 긁히지 않도록 조심하세요. 책 모서리가 날카로우니 던지거나 떨어뜨리지 마세요.